조금 쉬어가며 웃어요

강애란 시집

문학의전당 시인선
0331

조금 쉬어가며 웃어요

강애란 시집

문학의전당

시인의 말

볕 좋은 날
눅눅한 솜이불 난간에 걸치고 두드린다

불면으로 지샌 날들
밤새 쫓겨 다니던 악몽
낯선 눈빛들 모두
햇볕에 내어놓고 두드려 말린다

앞산 벚나무에 꽃구름 피고
새소리 한껏 명랑한 날

이 거풍 끝나고 나면
나도 조금은 명랑해지리라

명랑!

2020년 9월
강애란

차례　　　　　　　　　시인의 말

제1부

소금의 향　13
조금 쉬어가며 웃어요　14
탯줄은 살아있다　16
8월의 연못　17
쉬운 일인가　18
꼭지 가위 들고　20
동백꽃　21
얼룩진 푸른 손자국　22
아버지의 탯줄　24
늙은 벚나무　25
까치발로 어디까지 갈까　26
술래잡기　28
낮달　29
새댁이라는 말　30
도둑　32

제2부

까치집 35
거미 36
벌레 한 마리 38
겨울 텃밭 39
얼룩말의 고백 40
달팽이들은 지금 뭘 할까 42
해탈(解脫)이 44
사월 45
개미는 파업하지 않는다 46
소문난 주꾸미 식당에서 48
철새들 50
삼천포 51
풀밭에 젖은 고양이 52
그 여자 54
흔들리는 안내견 56

제3부

칼질하기 59

밭갈이만 하다가 60

상처 난 벚나무 옆에서 61

뻑사리라는 말 62

불안 64

불면 65

불화 66

담장 안 목련 67

불협화음 68

농구공 70

대전 현충원에서 71

리어카를 끌고 72

생각 깨우기 1 74

생각 깨우기 2 75

물 벽을 바라보며 76

모서리 78

제4부

나만의 꽃 81
해바라기 82
오도독 뽀드득 83
비토섬 별주부전 84
열린 부동산 86
삼나무 둥지 속에 88
기차 안에서 89
늦도에서 90
보현암에서 92
꽃지 바닷가 94
운명 95
등대 96
평안북도 운산면 98
허수아비 사랑 100
문 닫히는 소리 102

해설 | 시간의 경계를 응시하는 잠시 멈춤의 기록 103
나호열(시인·문화평론가)

제1부

소금의 향

소금의 향인가
수정과 맛을 보다가 고개 갸웃거리는 막내딸

소량의 소금을 수정과에 넣고 눈짓으로 묻는 내게
소금의 향이라는 아름다운 말로 간을 보네

짜지도 달지도 않고
무겁지도 가볍지도 않은 경계의 맛
갸웃거리는 경계에서 향긋한 맛을 느끼며

오랜만에 마주 보는 모녀
소금의 향이네

조금 쉬어가며 웃어요

마당에서 담장 밖이 보였다
뒤풀이 겸 저녁 먹는 자리에서
숨도 쉴 수 없을 만큼 웃었다
눈물이 넘치려고 해서
죽을 것처럼 웃었다
죽을 것 같아 눈물이 났다
누군가 나를 흔들며 말했다
'조금 쉬어가며 웃어요'

왜 눈물 나게 웃었을까
닫혀 있다고 생각했는데
밀어보니 조금 열리고
내 키보다 한참 높다고 여겼던 담장
발뒤꿈치 들고 넘겨다보니
바깥세상이 들어온다
기쁘기도 했다 슬프기도 했고
나조차도 인식하지 못했던
깊은 내 안의 또 다른 얼굴

죽을 것처럼 웃었다

죽을 것 같아 눈물이 났다

시(詩),

너를 만나면서부터

탯줄은 살아있다

당신의 어깨와
내 어깨 사이에 흘러 들어온 물,
물을 낳았다

언제부턴가 아이는 낮은 물가에서 잘박거리며
물고기와 새들, 꽃과 바람과 노는 날이 많았다
호기심에 흘러가는 물결을 따라가다 돌아왔다
아이 등을 바라보며
나는 눈물 훔치는 날이 많아졌다

해 질 무렵 강가에 서성이다
멀어져 가는 물결이
내 발목까지 내 가슴까지 밀려올까
물굽이 따라 흘러가는 물소리 아득히 멀어져도
물의 탯줄은 여전히 살아있다

8월의 연못

달빛 스밀 틈 없이
빽빽한 저 넓은 연잎들의 세상 이야기들
습기 찬 바람결에 들려오네
나는 오래된 기억 한 장씩 바람에 넘기며
먼 개구리 울음소리에 젖네
연잎에 고인 물방울들 눈물처럼 반짝이네

목을 끌어안고 귀를 쓸어주는 연잎과 연잎들
서로 어깨에 손을 얹고 연잎 바라보는 연인들

밤이여, 더 깊어져라
연잎에 별빛 내려앉을 때까지

언젠가 떠나야 하는 연잎과 연인들
서로를 다 잊을 때까지

쉬운 일인가

반숙 제대로 하기가 쉬운 일 아니다
껍질 깨지는 순간
꿈도 꾸지 못한 뜨거운 바닥으로 주저앉는 너를

올리브기름 두른 팬 위에 너를 지켜본다
익은 것도 아니고 설익은 것도 아닌
아는 것도 아니고 모르는 것도 아닌 너를
슬픈 것도 아니고 기쁜 것도 아닌
우는 것도 아니고 웃는 것도 아닌 너를

다가올 것도 같고 돌아누울 것도 같은
옆으로 흐를 것도 같고
가운데로 모일 것도 같은 너를
무엇이 완성되기 전
무엇을 숨기고 있을 것 같은 너를
흔들어도 열리지 않고 얇게 덮고 있는
적당히 말랑한 덩어리를 접시에 담는다

육십 문턱에 서서 완숙을 기다리며
반숙쯤으로 익어가고 있는지
그 경계에 서서
바작바작 튀겨지는 죽음의 가장자리를 본다
날것에서 반숙으로 반숙에서 완숙으로 가는가
반숙으로 세상을 바라보며 가도 좋으리
반숙 제대로 하기가 어디 쉬운 일인가

꼭지 가위 들고

꼭지 가위 들고 감나무 아래 섰습니다
불그레한 단감 너머로
감나무 이파리 사이로
높고 푸른 바다가 꿈인 듯 흐릅니다

봄날은 흘러가고 여름날도 멀어지고
붉은 가슴 가라앉고 식어가고
모든 것들이 낮은 곳으로 내려옵니다

문득 먼 하늘에서 꼭지 가위 들고
나를 향해 오는 발자국 소리
까마득히 멀리 있는 줄 알았는데도
자꾸 들립니다

감이 익어가는
늦가을이 되면

동백꽃

종일 홀쩍이며 내린 가랑비에
속속들이 다 젖는다
담장 아래 동백꽃 송이송이
뎅강뎅강 죄다 떨어지고

떨어진 자리마다 눈물처럼 숨어 있는
여물지 못한 씨앗들

이 집 저 집 떨어진 꽃소식 듣다 보면
며칠 더 매달려 있어도 좋을
붉은 모가지들까지 다 잘려 나간다

집집마다 중년고개 넘기도 전에
꽃모가지 바닥으로 떨어진다

얼룩진 푸른 손자국

어쩌다 나는 봄볕을 쬐며 여기 앉아 있나
시작도 끝도 없는 우주 공간
수억만 개의 돌조각들 사이
초록빛 한 점으로 떠 있는 지구별에서

당신이 시퍼렇게 밀치며 내려 보낸 곳
깜짝 놀라 울며 눈을 뜨니
지구촌이다
사람들, 떠도는 그 많은 사람들 사이
바람처럼 스치다 불꽃처럼 만났다 아우성치다
머물다 사라지는 곳

당신은 나를 보내고 잊었는지 몰라
깜빡이는 초록별을 향해 힘껏 밀어버린 날
환한 달빛 타고 내려온 이후
내 첫 울음소리 까마득히 잊혔겠지

꽃 피고 지는 흙바람 속에

웃다 울다 세월은 흐르고
만난 사람들 잊히고 생각나고
얼룩진 푸른 손자국
흔적 없이 지워지고 언젠가는
한 줄기 달빛 타고
당신 머무는 우주로 날아가리

어쩌다 봄볕은 내 곁에 와 여기 앉아 있나
우주 공간을 지나 초록별 어느 담장 아래

아버지의 탯줄

누가 거두지 않으니
탯줄 끊지 못하고 검붉게 말라가는 고추밭
늦가을 햇볕 바라기 붉은 감나무 밭을 지나
콤바인 바퀴 자국 길게 남은 들판을 지나갈 때
마른 바람 한 줄기 저들 속으로 숨어든다

멀고 환한 창공 너머로 오래된 사람들과 풍경들
슬픔 없이 돌아봐도 흐려지는 기억들뿐

오늘도 군더더기 없이 제 길을 가는 둥근 해
그 저녁노을 우두커니 바라보다
미수(米壽)에 돌아가신 아버지 생각한다

구름장 너머 언뜻 보이는 아버지
뒤늦게 가슴 친다
바람 한 줄기 차갑게 내 등을 후려치듯 훑어낸다

아버지의 탯줄이 그리운 11월이다

늙은 벗나무

동학사 입구 벗나무 아래 서서
기다리기 지루하면 한번 돌아보세요

배꼽에서 옆구리에서 어깨쯤에서
겹겹이 튀어나와
옛날 얘기 재잘거리는 꽃잎들
반짝이는 분홍 눈빛들을 보세요

뽀글뽀글 꽃잎 같은 파마가 하고 싶어서
이른 봄엔 노인들도 몸살을 앓아요
울퉁불퉁 옹이 진 마음들
그 틈새에 분홍빛 이야기들 꽃을 피워요
지나간 어느 봄날의 꽃 몸살을

까치발로 어디까지 갈까

바닥에 으깨진 검붉은 버찌들 사이로
밟고 싶은 곳만
가고 싶은 길만
갈 수 없음을 알면서 발끝으로 걷는다
후둑후둑 떨어지는 버찌들의 목소리
까치발로 어디까지 갈 거냐고 묻는다
길 끝까지 갈 수 있다고 우겨볼까 하다
으깨진 것들이 열어주는 얼룩진 길을
퍽퍽 밟으며 걸어간다

젊은 엄마 손 뿌리치고
아장아장 걷던 삐삐머리 아가
뒤뚱뒤뚱 중심 잡으며 걷기 시작한다
발밑에서 톡톡 터지는 검붉은 소리 밟으며
저 길 따라 쉬지 않고 걸어갈 것이다
밟고 싶지 않아도
가고 싶지 않아도
아가는 먼 길을 갈 것이다

양귀비꽃 패랭이꽃 활짝 핀 커피숍 앞길을 지나
저수지 너머 산등성이 너머 뭉게구름 너머
멀리 달나라 별나라까지 날아갈 것이다
퍽퍽 밟으며 멀리 더 멀리 달아날 것이다
으깨지고 얼룩진 길을 지나
자기 안의 숨은 꽃길을 찾아

술래잡기

저 나무 뒤에서
너를 찾고 나면

또 다른 나무 뒤에
또 다른 너를 찾아 나선다

결국 내 안에 꽉 찬 너를
저 숲속에서
저 나무 뒤에서
한평생 찾아 헤매는 눈먼 우리들

낮달

어제도 지나온 길
그제도 지나온 길

오늘은 활짝 핀
산수유 나뭇가지 사이로 지나가네

지나가다 빈 가지 끝에
꽃처럼 피어나고

지나가다 빈 가지 꼭대기에
하얀 외등처럼 걸렸네

당신,
지금은 외롭지 않겠구나

새댁이라는 말

논둑 길가 낡은 유모차에
늦가을 바람 한 자락 실려 갑니다

굽은 등 쭈욱 펴고
서쪽 하늘 줄지어 날아가는 새
바라봅니다

마른 갈대 꺾어 들고 따라가다
조심스레 물었습니다

"할머니, 다저녁때 어디 가세요?"

삐걱대는 관절 겨우 버티고 서서
우는 듯 웃는 듯 내게 물으십니다

"새댁은 이 저녁에 어딜 가나?"

깊은 주름에서 흘러나온 새댁이란 말

오래된 마른 봄바람이 붉은 뺨을 스칩니다

뼛속까지 빈,
노을 한 자락 끌고 가는 늙은 유모차

도둑

도둑이 들었다
언제부턴가 발끝으로 손끝으로 소리 없이
기억들을 훔쳐내 사진과 문장들을 뒤섞어
엄마의 마음 벽에 걸어놓았다

내 손 꼭 잡고 걷다가 문득 하시는 말씀
"내가 일찍 죽었으면 네가 후회할 뻔했지"
훗날 울고 있을 내 마음 읽어버린 엄마
10층에서 혼자 내려와
건널목 건너 노인정으로 교회로
무사히 오가시는 줄 알았다

해 질 무렵부터 자주 도둑이 들었는데
아무도 신발 끄는 소리조차 듣지 못했다
훗날이 오기 전에 손잡고 가다가
서서 울었다

제2부

까치집

흔들리는 나무 꼭대기 엉성한 집 한 채
둥지 위에 걸터앉은 어린 까치들
파닥이는 날갯짓이 위태롭구나

저 허공에서
홀로 서길 기다리게 하는 걸까
흔들리는 세상 바라보게 하는 걸까
바람에게 중심잡기를 배우게 하는 걸까

새끼들끼리 집 지키고
지방 살이가 길어지는 날엔
흔들리는 모든 어린 것들을
새들 나비들 작은 풀꽃들을
자꾸만 등에 업는다
발목이 아플 때까지

거미

파리 모기 하루살이 몇 마리쯤
똘똘 감아두리라
나뭇가지 끝에서 검은 가슴 끌어안고
웅크리고 있는 나

밤새 하얗게 엮은 투망에
엉거주춤 걸린 파리
아, 내 밥
날개 파닥이자
팽팽한 내 집이 끊어질 것 같다
놓칠 것 같다

한 걸음 두 걸음 다가서는 나를
바라보는 그대
저 넓은 하늘길 다 버려두고
하필이면 여기서 사라져 갈
그대의 마지막 시간

용서해다오
밥을 위해 허공에다
이슬 맺힌 덫을 놓고 기다리는
나를

벌레 한 마리

혼자 가도록 지켜볼 걸

이른 봄날
앞산 오르다 발길 멈추었다
길도 없는
가파른 모래 언덕 기어가다
봄바람에 미끄러지는 벌레 한 마리
흙 빛깔 삭은 나뭇잎에
간신히 매달려
한 숨 고르고 다시 기어오른다

나뭇가지로 쉬운 길 내주려다
쏟아지는 흙모래
더 아래쪽으로 굴러떨어지는 벌레

그저 지켜볼 걸
좀 더 기다릴 걸
그냥 지나갈 걸

겨울 텃밭

금방 눈이라도 퍼붓겠다
연립주택 지붕 아래
집비둘기들
텃밭에 던져준
마른 빵 부스러기
이마 부딪치며 쪼아댄다

흰 비둘기 한 마리
고개 외로 틀고
구구구 묻는다

누군가 던져준
빵 조각들
눈물 없이 삼켜본 날 있었느냐고

얼룩말의 고백

처음부터 얼룩진 무늬로 태어났다

하얗게 살고 싶어도 검은 무늬가
검게 살고 싶어도 하얀 무늬가
어둠 속에서 감추고 싶을 때
언뜻 스치는 하얀 무늬 검은 무늬

달리는 시간 속에서 돌아보던 저녁 무렵
산다는 것은 생각대로 살아지지 않고
깔끔한 무늬는 어디에도 없고
얼룩진 속마음 소리 없이 앓고 있었지

당신이 검은 얼룩 보고 멀리 돌아간다 해도
당신이 하얀 얼룩 보고 내 안에 들어온다 해도

나는 선명한 무늬의 얼룩말이다
어둠이 내릴 때까지 품에 안고 걸어가야 할

슬픈가,

그대 맑은 얼룩진 무늬가

달팽이들은 지금 뭘 할까

모처럼 고요한 봄밤
달팽이들은 지금 뭘 할까

저녁 무렵
솎음 열무를 씻다가 만난 달팽이들
이파리 위에 한 놈 앉혀놓고
둥둥 떠 있는 두 어린 것들
슬쩍 건져 그 옆에 앉혔다

더듬이끼리 느릿느릿 비비며 아는 척
반가운 척한다
못 견디게 반가워 등껍질 위에 올라가
맨살을 밟고 더듬이로 끌어안고

나는 모른 척 열무를 씻는다
솎음 열무가 참 여리다 아니 어리다
어린 것들이다

바람 없는 고요한 봄밤
딸들은 지금 뭘 할까

해탈(解脫)이

분홍 귀털 탈랑거리며
주인 얼굴 살피는 인형 같은 털 강아지

엄마가 해탈을 찾고
아빠가 해탈을 찾고
바위도 해탈을 찾고
벌레도 해탈을 찾고

현관에 앉아 무심히
운동화 뒤축만 씹고 있는 해탈이

가자,
깊은 산사엔 가지 말고
동네 할인매장에 운동화나 사러 가자
네 이름 부르며 해탈을 찾는 사람들 속으로

사월

길옆에
흰 두건 얹고 쪼그려 앉아
혼자 밭을 일구는 할머니

그 옆에
고개 숙여 햇살을 쪼는
까치 한 마리

흙과
봄 햇살 사이

그 안에서 따뜻한 밥이
소리 없이 끓고 있습니다

개미는 파업하지 않는다

11월 아침이다 앵두나무 언저리 풀밭에
작은 흙덩이들이 눈에 보인다
땅속에 먹이창고를 짓는지
식구가 늘어 공사 중인지
부지런히 일개미들이 들고난다

이상한 일이다 흙 알갱이를 물고 나와
땅 위에 슬쩍 올려놓고 가는 개미
머리만 내밀고 뱉어놓는 개미, 그러다 흙더미가
안으로 굴러떨어진다
어떤 개미는 기어코 땅 위까지 기어 나와
두리번거리며 구멍에서 먼 곳에다
흙 알갱이를 부리고 간다

성실한 개미, 생각하는 개미
옆집 앞집 뒷집 다투지는 않는지
주 5일 근무제를 주장하며 파업도 하는지
개성시대라고 어린 것들이 더듬이에다

온갖 물감을 들이고 떼 지어 다니진 않는지

낯선 강릉 관사의 눈부신 아침 햇살
집 짓는 일개미들의 속사정이 궁금하다

소문난 주꾸미 식당에서

살아있는 주꾸미 건드렸다
먹물 튀었다
조그만 대머리 속에 하얀 알들 품고
시커멓게 반항하다니

채소더미 속에서 귀여운 발들
돌돌 말았다가 쭈욱 쭉 내뻗다가
한순간 가지런해지는
살덩이 한 줌
감히 죽음의 문턱에서 발길질이라니
탱탱하게 부풀어 오른 반질한 대머리
뜨거운 숨 푹 쉬게 하리라
젓가락으로 구멍 뚫고 기다리는데
까맣게 잊고 떠나겠노라
반성의 검은 눈물까지 주룩 흘리는
말랑말랑하던 주꾸미 녀석

삶이란 어림없는 반항도 하고

잘 살아보겠노라 발길질하다 보면
맛있다고 소문난 이 세상도
녀석처럼 까맣게 잊고 떠나가야 하는 것인데

철새들

간척지 빈 들판
허수아비도 다 살아버린 저 들에
떼 지어 날아든 철새들

가을걷이 끝난 논바닥에
추억할 따듯한 싸라기라도 흩어져 있는지

문득 줄지어 날아오르는 새떼
빈 들에 떠 있는 꿈꾸는 해를 향해서
천천히 줄 바꿔가며 꾸룩꾸룩 날아간다

싸라기 쪼아대던 악착스런 부리로
찢겨진 서로의 깃털 알뜰히 고르다
속 깊은 곳에
뜻 모를 더운 생명을 심고 돌아가리라
깃털 같은 한철 머물다 간다 해도

삼천포

바닷가 간이탁자 위에
큰 카메라 내려놓고
생선회에 소주병 기울이는 반백의 남자
그림처럼 앉아 있다

시끌벅적 활어 시장통을 기웃거리며
저 카메라에 무엇을 담았을까
잔잔히 붉게 물들어가는 바다를 향해
느리게 내뿜는 담배 연기

멀리 빨간 등대에 불이 켜지려면
소주 몇 잔은 더 비워야 할 듯
노을 속으로 낮게 날아가는 갈매기
황혼의 바다가 닫히고 있다

한 폭의 풍경화를 바라보며
같은 듯 다른 공간 속에 내가 서 있다

풀밭에 젖은 고양이

종일 폭우가 쏟아진다
한여름 내내 폭염에 말라버린
내 것에 대한 생각들
아파트 벽에 기대고 서서
속 시원히 빗줄기에 두들겨 맞는다

나무 아래 젖은 풀밭에서 떨고 있는
아기 고양이
숨을 쉬는지 가까스로 고개 들었다
바닥에 내려놓는다
밥 한술 들고 와 밀어놓자
퀭한 눈으로 경계심을 보인다
아파트 단지마다 검은 봉지 사라지고
굳게 닫힌 음식물 쓰레기통들
미물도 고양이도 먹고 살아야 할 텐데

억수로 쏟아지는 빗줄기에 흠뻑 젖은
내 것에 대한 생각들이

내 일에 대한 생각들이
축 처지고 겨우 숨소리만 낸다

지금은 고개 들고 당당히 먹어라
고양이 밥그릇에 비바람이 그치기를

그 여자

빈 공원에
빈 의자에
빈 가지에
늦은 오후 햇살이 시를 쓴다

어디론가 흐르기 시작하는 기억들을
노랗게 비추는 11월 햇살
보고 싶다 너에게 갈 수도 없고
겨울은 다가오고
능선에 붉은 노을 자락 넌지시 읽어본다
은행나무 젖은 가슴에
둥근 줄 하나 깊게 새기고 있다

깁스한 오른발을 절며
자동판매기 캔커피를 꺼내는 여자
왼쪽 가슴으로 퍼지는 따끈함을 느끼며
먼 곳으로 흘러가던 기억들
붕대 감듯 하얗게 거두고

짧은 햇살이 시를 쓰는 공간에
앉았다 가는 여자
절룩이며 걸어온 그림자가 빈 가지에 걸려 있다

그 가벼움 펼쳐보는 여자
그 가벼움 진저리 치는 여자
그 가벼움 모두 품에 끌어안는 여자

흔들리는 안내견

터벅터벅 훈련 중인 안내견
굵은 줄에 매인 채
뒤돌아보며 머뭇거린다

아무것도 아니라고
봐도 못 본 척하라고
그래도 다시 뒤돌아보는 건
꼬리 끝에 끌려오는 소리
속 깊이 잠가둔 소리
꼭 한 번, 들판을 질주하고 싶은
체념했던 먼 꿈의 소리
이명처럼 들려오기 때문일까

머뭇거리지 말거라
너를 닫고
너의 길을 접고
한 발 한 발 동행하거라
네 발로 걷는 성자의 얼굴로

제3부

칼질하기

언제 익숙해지려나
칼질하다 흉터 아물기도 전에 상처를 내고
왼손 엄지손가락 손톱 밑 또 붉은 피가 난다
엄지 검지 약지 손가락 흉터를 남긴 채
오늘도 밥때가 되었다고 칼질을 한다

문득 백만 년 전 구석기시대
나무열매 따 먹고 풀뿌리 캐 먹고 살 듯 살고 싶다
반듯하게 자르거나 다지지 않고 채 썰어 볶지 않고
손으로 뜯어 먹고 나눠 먹으며 살았는데

배추김치 잘게 다져 김치볶음밥 해주신 울 엄마
가끔 내게 하시던 말
사람 말할 때
불쑥 끼어들어 말허리 싹둑 자르지 마라
밥때도 칼질도 잊어버리고
두 해 전 요양병원으로 이사 가셨다

밭갈이만 하다가

왼쪽으로 머리가 기울어
왼쪽 어깨에 닿을 듯 걸어가는 키 작은 노인
검정 장화 신고 곡괭이 어깨에 걸치고
반야정사 아래 넓은 밭으로 걸어가는 백발노인
엊그제 깨를 털고 밭을 갈더니 마늘을 심었나
검정 비닐 가장자리에 흙을 얹는다

왼쪽으로 기울어진 채 평생의 곡괭이질은
밭 귀퉁이까지 매만지고 나서야 허리를 편다
그래도 바닥으로 살짝 고정된 머리는
하늘 보기가 쉽지 않다
밭 갈고 씨 뿌리고 자라면 거두어들이는 노인

쓰고 읽고 버리고
여태 밭갈이만 하고 손바닥만 한 밭의
이랑만 고르고 있다

상처 난 벚나무 옆에서

반쯤 잘려 나간 나무 밑동이 훤하다
상처 깊은 몸에서도 꽃을 피우며
들고나는 새들과
바삐 기어오르는 개미들에게
꽃비 내리고 꽃길을 만든다

그날 봄비 밤새워 내린 날
상처 입은 나무의 어깨 무거울까 봐
어둠 속에서 무리 지어 바닥에 내려앉은 꽃잎들
떨어진 꽃잎들만큼
나무의 생각도 상처에 대해 깊어지는 봄밤

한 해 살아내고
또 한 번의 봄이 오면
난 누군가를 위해 한 줌
꽃비 내리고 꽃길 만들 수 있으려나
봄비 종일 내리는데

삐사리라는 말

잘 쓰던 말도 글로 쓰려면 표준어를 찾는다
삐사리라는 말,

하모니카 불다 낮은음자리에서 실수음
굵고 불안한 소리
하모니카 불다 높은음자리에서 음실수
날카롭고 불안한 소리
하모니카 불다 가운데 음자리에서도 음이탈
반주하며 자신 있게 불다 엇박자에서 삐사리
아니 실수음을 낸다

노래하다 고음에서
걸어가다 발목에서
당신과의 대화에서 삐사리는 셀 수가 없다
횟수를 세다 보면
손가락에도 삐사리 난다

밤하늘 스치는 별똥별은

어느 별의 삑사리인가
내 일상의 삑사리들
엇박자에서 두려워 말고 쉬엄쉬엄 불며 가야지
삑사리도 모른 척 넘어가면서

불안

잠자는 것이 누군가에게 미안해서
맨바닥에 모로 눕습니다
낯익은 소리들이 귓가에 모여듭니다
아이들 우는 소리 콩콩 뛰는 발뒤꿈치 소리
낯모르는 사람들이 눈앞에 다가왔다 멀어집니다
둥근 언덕 위에 서성대는
사람들 웅성거림도 커졌다 멀리 사라집니다

잠자는 동안 누군가 날 찾아올 것 같아
날 찾는 전화벨 소리 울릴 것 같아
백만 년 만에 찾아오는 반가운 손님 돌아설까 봐
맨바닥에 웅크리고 눕습니다
낯익은 사람들이 집 앞에 몰려올 것 같습니다
일어나야 할 것 같아
저들이 하는 말과 눈빛을 기록해야 할 것 같아
선잠 속에서 둥근 언덕 올려봅니다

불면

잠들면 일기장이 하얗게 다 지워질 것 같아

잠들면 두루마리 화장지 다 풀려 녹아버릴 것 같아

잠들면 시곗바늘 자유롭게 긴 여행을 떠날 것 같아

뻑뻑한 눈꺼풀 쉬 닫지 못하고 선잠 속에 눈뜨는 새벽녘

웅크린 등 뒤로 스치는 서늘한 바람 한 자락 끌어당겨

얼굴을 하얗게 덮습니다

불화

누구와 무슨 말을 나누다 당신은 하루가 저물어갑니까
거울 속 당신은 혹시 시든 꽃잎만 먹었다고 생각합니까
봄에 꽃 피는 벚나무의 검은 상처를 당신은 기억합니까

말하지 않아도 숨은 상처는 기억의 바닥에 깔려 있고
시든 꽃잎 삼키지 않아도 거울 속엔 마른 꽃잎들 피어나고
꽃잎 먼저 밀어내고 잎이 돋는 늙은 벚나무를 봅니다

늙은 벚나무에 다시 피어나는 꽃잎이 흔들립니다
비바람 불면 시간이 흐르면 선잠 들다 눈을 뜨면
어디로 가는 중인지 누구와 말을 하는 중인지
거울 속 마른 꽃잎은 다 봅니다

아무것도 기억하지 못하지만

담장 안 목련

지난밤
담장 아래로 내려앉은 그녀
한껏 피었다가
몇 날이나 허허롭게 웃었을까

구름 속 달빛의 손길
그녀의 귓가를
입술을
두 뺨을 쓸어내릴 때
온몸 흔드는 꽃샘바람에 휘청거리며
몇 날이나 소리 없이 울었을까

떨어지는 꽃잎들
담장 안은
한철 머물다 가는 장례식장이다

불협화음

가끔씩
의자를 따로 놓고 싶을 때
촛불을 따로 켜고 싶을 때
조그만 의자 위에
쓰다 만 작은 초 한 자루 밝히고
두 팔을 펼친다
벽에 넘쳐흐르는 거대한 그림자
작은 방 안 터질 것 같다

촛불이 한두 방울 넋두리를 떨구고
길어지는 심지에 휘청이는 방
그림자는 순간 무너진다

촛불을 끄고
의자를 나란히 놓자
허상들 사라지고
정적이 가득 찬다

이

무거운

침묵의 조화

농구공

자정 넘은 시각
농구장 바닥 공 튀기는 소리
달빛 아래 골대 맞고 쿵쿵 바닥 두드리는 소리

농구 골대를 한순간 노려보는 한 남자
11층 아파트 창문에 서서 내려다보는 여자

남자는 허공을 향해 무엇을 던지고 싶은 걸까
여자는 바닥을 향해 무엇을 던지고 싶은 걸까

우울한 생각이 제멋대로 어둠 속으로 튈까 봐
쉬지 않고 공을 굴리고만 있는 여자

달빛 아래 골대 맞고 쿵쿵 심장 두드리는 소리
내일 밤엔 불면을 외면하고 싶다

대전 현충원에서

찬 비석 앞에
하얀 국화꽃 한 다발 내려놓고
그림처럼 서 있는 여인

아들일까
남편일까
누구일까

찬 비석들 사이
잿빛 어깨 반듯하게 세우고
여인을 바라보는 영혼이여

리어카를 끌고

낡은 리어카에 키보다 높게
마른 가지 얹으며
굽은 허리 펴는 할머니
이쪽을 밀면 저쪽 가지들 떨어지고
떨어진 것들 다시 얹으며
풀숲에 버려진 나뭇가지 하나 더 끼워 넣는다
가늘게 잘라 이은 포장 끈으로
리어카를 묶는 굵은 손마디
기우뚱 짐 더미 붙잡은 내 손과 닿았다
회색 눈빛, 낯가림이 깊다
가던 길 가라고 침묵으로 바라보는
골 주름진 얼굴

저 리어카가 깡마른 손에 끌려갈 수 있을까
아무도 없는 마당가에 부려놓고
불 지펴 따끈한 밥 한 그릇 지으시려나
흙먼지 털고 마루 끝에 앉아
감나무 꼭대기 까치밥이나

산마루 넘어서는 노을 바라보다
꼬리 치는 누렁이에게 혼잣말하시겠지

가던 길 가다 돌아보니
은발의 내가 리어카를 끌고 간다

생각 깨우기 1

소낙비 맞았으면 우선 피하라
젖은 옷이 바람에 마를 때까지
어느 정도 말랐는지 자꾸 들춰보려 하지 마라
한 가지 일이 더 늘어나는 법이다

멀리 가지 말아라
다리 근육이 단단히 잡고 있는지
치료 받은 자리를 자꾸 건드리지 마라
통증만 더할 뿐 아물기를 기다려야 하는 법이다

생각 깨우기 2

밤나무 아래서 소나기 그치길 기다리는 동안
빗물 털며 몸 두드리다가
건너편 어느 문중 묘지들이 눈에 다가온다

몸 안에서 나는 소리에 귀 기울이며
울타리 넘어 나가야 할지
안으로 당겨 앉아야 할지
밤나무 아래 서서 생각한다

기다릴까 통증이 사라질 때까지
사라질까 살아가는 마음의 통증들이

물 벽을 바라보며

물로 벽을 만들 것처럼
번쩍임과 우렛소리가 단잠을 깨우는
새벽 네 시에 쏟아지는 폭우

물 벽을 뚫을 수 있을까
벽 넘어
물 벽을 뚫고 손을 뻗으면
물 넘어
벽 넘어
살고 있는 바람 같은 그리움들

동그란 어깨에 손을 얹으면
물 넘어 돌아볼 것 같아
벽 넘어 알아볼 것 같아

꿈속인 듯 돌아서 가는
폭우 속의 그림자

그칠 것 같지 않던 빗줄기 가늘어지고
가늘어지다 사라지는 살아있는 옛 그림자

모서리

오래된 목가구의 먼지를 터는 그녀
잦은 이사로 긁힌
모서리들의 수런거림을 듣는다

엷게 청녹 핀 철제 손잡이와
틈 생긴 옆면 살피고
기름 묻힌 헝겊으로 공들여 닦는다
기우는 햇살에 느릿느릿 녹을 벗기며
그녀의 모서리 안쪽도 들여다보니
아린 마음들 미어진 마음들이 겹겹이다

서랍을 열자 빛바랜 사진 한 장
덕수궁의 어느 봄날
비둘기 앞에 쪼그려 앉아 모이 주는 어린 딸들
잠깐 반짝거린다 오랜만에 환해진다
긁힌 그녀의 모서리들도

제4부

나만의 꽃

꽃받침이래
꽃이고 싶은데

너는 피는 꽃이고
나는 튼튼한 꽃받침이래

한의사 맥 짚다 말고 하는 말에
쓸쓸한 웃음으로
젖은 안개꽃을 피웠다

받침 아닌 나만의 꽃을 피웠다
해 뜨면 시들어버리는
젖은 안개꽃으로

해바라기

해바라기, 따라 해봐
응, 해라바기
아니, 해·바·라·기라고 해봐
응, 해·라·바·기
느리게 또박또박 거꾸로 따라 하는
딸아이 말 배우던 시절
감자와 간장을 일러주면
자감이나 장간이라 우기며 방긋 웃는다

거꾸로 말해도, 혀 짧은 소리를 해도
말 대신 칭얼대며 울기만 해도
그 마음 쉬 알아듣던 지난 시절, 있었다

언제부터일까
마음을 알알이 열어놓아도 먹통일 때가 있다
가을볕에 여물어가는 꽃 바라보며
혼자 따라 해본다
해·라·바·기

오도독 뽀드득

네 돌 지난 외손자 입속에 딸기 물렸다
하얀 어금니로 딸기 씨를 씹을 때
오도독 소리 난다 했더니

"아니야 눈 밟고 걸어가는 소리야"라고 하네

오도독
뽀드득

지난겨울 함박눈 내리는 놀이터에서
함께 걷던 발자국 소리 기억하는지

오도독 오도독
빨간 딸기를 먹으며 소복이 쌓인 눈길을
뽀드득 뽀드득 밟고 가는 외손자

비토섬 별주부전

토끼 들쳐 업고
용궁으로 달려간 거북이,
다시 달밤에 거북이 끌고 나온 토끼
까르르 웃다가 물에 빠져 죽자
토끼 부인이 뒤따라갔다는 전설의
월등도* 바라본다

바닷가 저 검은 석층엔
토끼의 간 대신 발칙한 거짓말이
층층이 새빨갛게 살아있다
그 말에 속아
지상에 닿자 토끼 놓쳐버린
거북이의 피눈물은
물속 검은 돌 위에 어룽거린다

산山, 물水, 달月의 흐릿한 물무늬
거북 등껍질 상형문자가 분명하다
용왕님 깊은 유언 새겨 넣었나

둘 다 모두 짐이 용서한다는
둘 다 모두 짐을 용서하라는

---

* 월등도(月登島): 경상남도 사천시 서포면 비토리(飛兎里)에 딸린 섬. 인구 11명(1999년)의 돌당섬이라고도 한다.

열린 부동산

아파트 상가 열린 부동산에
방 구한다는 사람과 집 구한다는 사람
전세를 월세를 매매를 원하는 사람들
열린 문으로 들어옵니다
한 사람은 전망 좋은 집은 훗날 꿈의 집이니
학군 좋고 교통 좋은 집을 구한답니다
한 사람은 오래 살 수 있는 전셋집을 구한답니다

나는 이삿짐 차를 멀지 않은 곳에 두고 삽니다
내가 옮기지 못하는 것을 이삿짐센터 직원들이
먼지 털어가며 옮깁니다
잦은 이사는 가끔 먼지와 짐들을 자유롭게 합니다
내 안에 나를 틀어쥐고 있는 생각들까지 털어낼
능력 있는 이삿짐센터를 찾기가 쉽지는 않습니다

내가 살고 싶은 전망 좋은 집은
"산과 바다와 구름과 별을 이야기하며
산속의 바다 속의 구름 속의 별빛 속의 그 무엇이

우리 가슴에 자리 잡고 시를 노래"*하는

우리들의 섬마을입니다

---

*나호열 시인의 글에서 옮겨옴.

삼나무 둥지 속에
— 다솔사에서

마음 벽 다 말라 물기 한 점 없어도
초록 이끼 온몸에 뿌리내리는가

몸 구부리고
속 빈 나무 안으로 들어가 합장하고
우듬지 쪽문의 하늘 올려다볼 때
생나무 한 그루 덜컥 내 안에 들어와
터질 듯 어지럽다

텅 빈 살점 쓸어내리다 귀 세운다
수백 년 전 어느 한여름
포근한 둥지 속에서
찌르르 손끝 타고 달려오는
새 울음소리

전생의 내 울음소리인가

기차 안에서

한 칸
다음 칸 그리고 그 다음

그것들 사이에
순간순간 덜컹거리는 이음새
서로 꽉 잡은 손 잠시도 풀지 않기에
달리는 기차는
강으로 뛰어들지 않고
절벽으로 뛰어내리지 못하는 것이다

삶이 간혹 무섭게 덜컹거려도
당신이라는
가족이라는 이음새 함부로 풀지 못하고
고비마다 가쁜 숨 하얗게 내질러도

탈선이란 말
속 깊이 가둔 채 철길 위를 달려가는 것이다

늑도에서

삼천포대교로 이어진 섬 아닌 섬
이정표 따라 골목길 걸어 올라간다
바닷바람에 지붕 날아간 빈집
담장 무너진 집 마당에 먼지 앉은 장독대
늑도 교회 지나자 언덕 위 봄 바다에 바람이 분다

세상과 잠깐 단절된 느낌 속에 봄볕을 쬐는 오후
오래된 잔물결 따라 흘러가다
문득 갈매기 울음소리 들린다
혼자 물 위를 빙빙 돌며
꺼억꺼억 우는 소리에 울컥 목이 멘다
천 년 전에도 저 울음소리였을까
누군가를 찾다 젖은 깃을 털며 날아오른다

푸른 페인트 벗겨진 낡은 의자에 앉아
갈매기의 서러운 날갯짓과 울음 생각하는 사이
검은 장화 신은 마을 아낙네가 호미 들고 갯벌로 온다
갯벌을 파는 익숙한 손놀림

마치 텃밭에서 푸성귀 뜯어 찬거리 준비하는 듯

섬마을을 배회하다 만난 섬주민이 들려주는 이야기
김수로왕이 왕 되기 전 노예로 살았던 섬이라며
안내하는 후손들의 선산, 저녁노을 덮고 깊은 잠을 잔다
아늑한 역사책 속으로 들어갔다가
다리 건너 붉게 물드는 삼천포로 돌아가는 길이다

보현암에서

갑자기 관광버스가 밀려든다
연세 높으신 분들
눈물겹게 보현암* 계단을 오르시네
지팡이 짚고 잿빛 누비옷 입은 할머니
ㄱ자로 굽은 허리 3층까지 올라와
찬 바닥에 엎드려 절을 하시네
당신의 가실 길을 물으셨을까
후손들 무병장수 기원하셨을까

벽화를 보며 작은 소망의 종을 돌리고
거대한 금동약사여래불상 돌고 내려올 때
내려가는 계단 살피라는 동반자의 말
떨어지기 무섭게 헛발 짚으니
벽화 속 스님이 동자승과 함박웃음 지으시네
가까이 있는 것보다 먼 것을 바라보고
닿을 곳은 저만치 멀리 있는데
급히 걷다 마음의 발목도 삐끗거리네

할머니를 등에 업은 한 젊은이
발끝 살피며 계단 내려가고
벽화 속 동자승이 스님과 두 손 모아 절을 하시네

---

*경남 고성군 소재.

꽃지 바닷가

오락가락 부슬비 내리는
새벽 해안가 저편
할매 할배 바위
어디서 함께 떠나 언제부터
터 잡고 앉아 살고 있는지

흐릿한 수평선 위로
비에 젖은 어린 섬들 바라보네
잡은 손 물속에 수초처럼 내려놓고
할 말도 물속에 반쯤 담가놓고
긴 세월
수많은 파도들을 업어 키우셨겠다

들락날락 잔물결 따라
가만가만 흥얼거리실 때
나 슬며시 밀려가
할매 등에 업히고 싶네

운명

어디까지 가느냐고
낯선 노인들끼리 묻는다

익산까지 간다느니
강경까지 간다느니
거기가 어디쯤이냐 묻고
누가 먼저 내리느냐 묻고
서로 모른다고
허허 웃는 노인들
굵게 잡힌 주름살 둥글둥글 퍼진다

호남선 승차권이
주머니 속에서 소리 없이 웃는다

등대

바람이라도 세차게 불었으면 좋으련만
빨간 등대 우두커니 서 있고
갈매기 떼 눈부신 저녁노을 속을 날고 있다

빈 활어 경매장 근처에서 서성일 때
닻을 물속에 던지고 포구로 들어오는 작은 어선들
긴 장화 신은 어부가 육지로 밧줄을 던지고
한 남자가 시멘트 덩이에
둘둘 말아 배를 고정시킨다
삶의 밧줄이다
갑판 위에 여러 빛깔의 깃발들과
바닥에 널려진 어구들
손질해서 걸어놓은 물메기들
비린 냄새 따라 뱃전을 빙빙 도는 갈매기 떼
긴 고무호수를 움켜쥔 어부들은
세찬 물살로 멀미 나는 배 안의 하루를 씻어낸다

검붉은 저녁노을은 잔잔한 물결처럼 숨 쉬고

내 갈증도 노을 속으로 서서히 가라앉는다
등대에 불빛 들어와 바빠질 시간이다

평안북도 운산면

은빛 머리칼 짧게 이발하시고
노환으로 외출 못하시는 아버지
창밖을 내다보며 가려운 등 벅벅 긁으라신다
붉은 자국이 싫어 시늉만 하는 사이
오늘따라 무거운 하루가 저물어간다

생신이라 친정에 들렀더니
오래전 색동저고리에 빨강노랑 치마 입고
할아버지 품에 안기던 손녀들 웃음소리가
벽에 걸린 가족사진 속에서 들린다

가늘게 뜬 눈으로
환하게 떠올리는 먼 기억들
느릿느릿 비우고 계시는 듯
눈빛 아득하다

현관에 서서 머뭇거리다 돌아보니
저녁 햇살 한 자락 아버지 무릎을 베고 누웠다

엄마의 한숨 소리 사이로 들리는
평안북도 운산면 입석하동의 짙은 사투리
"늦었으니 어서 가라우, 날래 가보라"

허수아비 사랑

지켜낼 것이 있었지
홀로 서 있어도 외롭지 않고
여행 갈 여유도 없고
여권도 유통기한이 또 지났지

고개 쳐든 푸른 벼이삭들
땡볕 아래서 익어갈 무렵

짝눈 크게 뜨고
짝팔 길게 뻗고
짹짹거리는 무리들 펄럭이며 막아냈지
멀리 무궁화호가 지나가고
새마을호도 KTX도 어디론가 달려가고

들판을 지키지 않아도 되지
고개 숙인 벼이삭들 그의 곁을 떠났으니

짝눈마저 감고

짝팔마저 내려놓고

마른 논바닥에서 풀려난 늙은 허수아비는
찬바람 불면 잊힐 것이다
뼛속까지 시리던 들판의 그 시간들도

문 닫히는 소리

엘리베이터 타고 내려가다
현관문 닫히는 소리
못 들은 듯해서 다시 올라간다

창문과 가스 불 다시 확인하고
등 뒤에서 쿵!
문 닫히는 소리

관 뚜껑 닫히는 소리도 비슷하려나
저 세상 가는 날 관 속에 누워
이승의 문 잘 닫으라고
마지막 눈짓하며 눈 감을지도 모르겠다

엘리베이터 안에서
지하 1층 누르고 내려가다 혼자 웃는다

지하 1층 아래
더 깊은 지하층을 생각하며

해설

시간의 경계를 응시하는 잠시 멈춤의 기록

나호열 시인·문화평론가

1.

강애란 시인의 첫 시집 『조금 쉬어가며 웃어요』는 읽을수록 마음이 따뜻해지는 시집이다. 어느 시를 읽으면 아스라이 멀어져 가버린 꿈이 돋아 오르고 또 다른 시를 읽으면 늙어감에 대한 넉넉한 사유가 저녁노을처럼 은은해지기도 한다. 이 시집에 응축되어 있는 '꿈', '골든 에이지(Golden Age)', '노인삼반(老人三反)'의 생각을 더듬으며 이 시집을 음미하는 즐거움에 속절없이 흘러가는 시간이 잠시 멈춘 듯하기도 한다. 등단 이후 이십여 년이 흐른 후에 첫 시집이라니 늦어도 너무 늦은 감이 들기도 하지만 오히려 그 긴 시간을 녹여내고 다독이며 이루어낸 시편이 보여주는 풍경은 자못 삶의 먼 순례의 길을 연상하게 만든다. 아마도 강애란 시인도 인생의 가을의 초입에 다다른 까닭도 있겠다. 어쨌든 예전과 달리 고령화 사회에 들어선 현실을 비추어본다면 인생의 가을은 길고 노인삼반을 이야기하기엔 이른 감이 없지도 않다. 노인삼반이란 무엇인가? 기억을 더듬어보니 이런 글귀가 떠오른다.

이기(李墍·1522~1600)가 '간옹우묵(艮翁疣墨)'에서 말했다. "세속에서 하는 말이 있다. 노인이 젊은이와 반대인 것이 대개 세 가지다. 밤에 잠을 안 자며 낮잠을 좋아하고, 가까운 것은 못 보면서 먼 것은 보며, 손주는 몹시 아끼나 자식과는 소원한 것, 이것이 노인의 세 가지 상반된 점이다(世俗有言, 老人與年少之人相反者, 大槪有三. 夜不肯寐而喜晝眠, 不能近視, 而能遠視. 篤愛兒孫, 而疎其親子, 此老人之三反也)."

명나라 때 왕납간(王納諫)도 '회심언(會心言)'에서 이렇게 말한다. "아이 적엔 똑똑해도 늙으면 잘 잊고, 아이 때는 다 즐거우나 늙으면 모든 것이 슬프다. 이 또한 한 몸 가운데 조화가 옮겨 흘러감이다(兒多慧, 老多忘; 兒多樂, 老多悲. 此亦一身中造化遷流)."

엊그제 일은 까맣게 생각이 안 나도 몇십 년 전 일은 어제 일처럼 생생하다. 팔랑팔랑하던 젊은 시절은 늘 기쁘고 좋았는데 나이가 들자 스쳐가는 바람에도 공연히 눈물이 난다. 나는 그대로건만 세월이 다르다. 밤에는 뒤척이다 낮잠이 많아진다. 아들은 점점 보기 싫고 손주만 예뻐 죽겠다. 모두 늙었다는 증거다.

— 정민, 「세설신어」《조선일보》 2014. 03. 26에서 인용.

요즘 세태에 노인삼반이 꼭 들어맞는 말은 아니다. 그러나 다시 생각해보면 고개를 끄덕거리게 되기도 한다. 그래서 또 나오는 말이 골든 에이지, 인생의 황금기가 고희(古稀)를 넘어서부터라는 이야기이다. 물론 장수시대가 대세라 하지만 지금도 팔십을 넘어 살 수 있는 확률은 30%, 90세를 넘어 생존할 수 있는 확률은 5%에 지나지 않는다. 그러므로 오래 살기를 희망하는 것보다 하루하루를 알차게 보내겠다는 삶의 질이 중요해지는 것이다.

돌이켜보면 우리의 근현대사는 숨 가쁘게 보낸 격동의 시대로 볼 수 있다. 해방 이후의 전쟁과 빈곤에서 벗어나기 위한 산업화를 거치면서 자신을 되돌아볼 틈도 없이 여기까지 온 것이다. 강애란 시인도 단절하지 못한 유교적 전통사회의 여러 덕목에서 자유스러울 수 없었을 것이고, 독립된 인격체로서의 자아의 성숙, 다른 말로 자신의 꿈을 이룰 수 있는 시간의 여유를 누릴 수 없었을 것으로 짐작된다. 시집 『조금 쉬어가며 웃어요』는 장년기를 넘어선 시인이 젊음과 늙음의 경계, 꿈과 현실의 경계에서 시인 자신의 삶을 반추하는 사유를 '웃음'이라는 긍정의 에너지로 승화시키는 기록으로 충분해 보인다.

2.

한때 우리는 '꿈은 이루어진다(Dreams come true)'라는 캐치프레이즈에 열광했던 때가 있었다. 도저히 이루어질 수 없었던 일이 현실화되었을 때, 2002년 한일월드컵이 그러하였다. 꿈은 상상(想像)이나 망상(妄想)과는 다르다. 설정된 목표나 그렇게 설정된 목표를 향하여 가는 세밀한 계획과 그 계획을 현실로 만들기 위한 도전의 용기가 없다면 꿈은 말 그대로 일장춘몽(一場春夢)에 불과한 것이다. 그렇다면 동물적 본능이나 세속적 욕망과 다른 값어치 있는 삶은 어떤 것일까? 시인은 자신의 꿈이 무엇이었는지는 말하지 않는다. 단지 예전의 삶과 현재의 삶을 가르는 경계에 서서 앞으로의 골든 에이지를 향한 다짐을 조심스럽게 마음에 담을 뿐이다. "짜지도 달지도 않고/무겁지도 가볍지도 않은 경계의 맛"(「소금의 향」)을 느끼면서 자신의 삶을 이렇게 성찰한다. "육십 문턱에 서서 완숙을 기다리며/반숙쯤으로 익어가고 있는지 그 경계에 서서"(「쉬운 일인가」) 달걀을 완숙으로 부치기는 쉬어도 반숙으로 만들기가 더 어렵다는 사실을 깨닫는다. '완숙'이 삶을 숙명으로 내려놓거나, 아니면 좀 더 고양된 의식의 고취 즉, 성숙으로 받아들여짐을 의미한다면 '반숙'은 미완성, 또는 굳이 가치를 확정할 필요가 없는 중도(中道)의 경지를 지향한다는 의미일 수도 있다. 음식으로서의 달걀은 취향에 따라 날것, 반숙, 완숙으로도 얼마든지 가용할 수 있는 것이기에 그 가치의 경중을 따질 수 없다는 것이다. 이런 사유를 따라가다 보면 획일적이고 이분법적인 가치관에 맹목적으로 얽매여 살아온 것이 아닌가 하는 의문을 가질 법도 하다.

> 다가올 것도 같고 돌아누울 것도 같은
> 옆으로 흐를 것도 같고
> 가운데로 모일 것도 같은 너를
> 무엇이 완성되기 전
> 무엇을 숨기고 있을 것 같은 너를
> ―「쉬운 일인가」 부분

다시 말하면 '흑과 백' 같은 모순 개념에 지나치게 경도된 삶을 살아왔음을 인지하고 흑과 백 사이에 흑도 아니고 백도 아닌 수많은 색(色)이 존재하는 반대 개념의 세계를 바라볼 수 있는 경계의 의미를 예리하게 포착하고 있는 것이다. 양비

(兩比)도 양시(兩是)도 아닌 그 어디쯤의 경계는 시집『조금 쉬어가며 웃어요』의 얼개를 이루는 중요한 배경이 아닐 수 없다.「낮달」은 바로 그러한 이 세계의 경계 없음을 고이 보여주는 시로 음미해도 좋을 것이다.

  어제도 지나온 길
  그제도 지나온 길

  오늘은 활짝 핀
  산수유 나뭇가지 사이로 지나가네

  지나가다 빈 가지 끝에
  꽃처럼 피어나고

  지나가다 빈 가지 꼭대기에
  하얀 외등처럼 걸렸네

  당신,
  지금은 외롭지 않겠구나
          —「낮달」전문

 객관적으로 '달'은 천체의 일부이지만 때에 따라서 '달'은 우리의 주관에는 빈 가지에 피어나는 꽃이기도 하고 외등이기도 하면서 끊임없이 변화하는 시간 속에서 소멸과 생성을 거듭하는 허상이기도 하다. 우리가 아무렇지 않게 말하고, 찾아 헤매는 행복이나 사랑 따위도 따지고 보면 실체가 없는 관념 덩어리에 불과하다. 불가에서 말하는 색즉시공(色卽是空) 공즉시색(空卽是色)의 설법도 이러한 관념의 사슬에서 벗어나기를 권유하는 일에 다름 아니다. 다음의 시를 읽어보자.

분홍 귀털 탈랑거리며
주인 얼굴 살피는 인형 같은 털 강아지

엄마가 해탈을 찾고
아빠가 해탈을 찾고
바위도 해탈을 찾고
벌레도 해탈을 찾고

현관에 앉아 무심히
운동화 뒤축만 씹고 있는 해탈이

가자,
깊은 산사엔 가지 말고
동네 할인매장에 운동화나 사러 가자

네 이름 부르며 해탈을 찾는 사람들 속으로

―「해탈(解脫)이」 전문

  해탈(解脫)은 정신과 몸이 구유하고 있는 욕망으로부터 벗어나 무아(無我)의 경지에 다다르는 것을 이른다. 더 나아가서 윤회를 끊고 영원히 죽는 것을 뜻하는 열반(涅槃)과도 맥이 닿는다. 살아서 열반을 이루되 과거의 업을 소멸하지 못한 유여열반(有餘涅槃)도 있으나 엄밀히 말하면 이 세상에는 죽어본 사람도 없고 그러한 득도의 광경을 목격한 사람도 없다. 그렇게 보자면 해탈 또한 하나의 허상, 하나의 꿈에 불과한 것인지 모른다. 이 시에서 '해탈이'는 개다. 불가에서의 개는 다음 생에 인간으로 태어날 가능성이 가장 높은 동물이라 하는데 현실의 개 '해탈이'는 운동화 뒤축을 물어뜯는 우매한 미물일 뿐이다. 화자는 '가자, 네 이름 부르며 해탈을 찾는 사람들 속으로' 가자고 권유한다. 해탈이는 애완동물이면서 생의 불안과 외로움을 달래주는 관념의 해탈인 동시에 현현(顯現)하는, 살아있는 해탈이다. 적어도 죽음을 사유하거나 예견하지 못한다는 측면에서 "현관에 앉아 무심히/운동화 뒤축만 씹고 있는" 무용(無用)한 행위야말로 개인 '해탈이'를 무아(無我)의 실체로 보는 것이며 "사람 말할 때/불쑥 끼어들어 말허리 싹둑 자르지 마라"(「칼질하기」)는 어머니의 당부처럼 말로 마음을 뒤엎고 상처를 주는 인간사를 넘어서는 것이다.

시「해탈(解脫)이」는 『조금 쉬어가며 웃어요』에서 드물게 해학의 흥취를 보여주는 시인 동시에 허언으로 가득 찬 거짓 달관이 아닌 진솔한 삶의 실천으로부터 길어 올린 휴지(休止)의 여유를 드러내는 단서가 된다. 「생각 깨우기 1」, 「운명」과 같은 시들은 결코 추리나 연상으로 만들어낸 상식화된 삶의 깨달음이 아니다. 해탈에 대한 해학적 깨달음이 없다면 "소낙비 맞았으면 우선 피하라"든가 "멀리 가지 말아라"와 같은 잠언에 가까운 삶의 지혜를 얻기는 힘들었을 것이다. 애달픈 이별이나 마주하고 싶지 않은 죽음은 예습할 수가 없다. 단지 추체험(追體驗)을 통해서 그 감정에 가까이 다가설 수 있을 뿐이다. 강애란의 시편은 이런 추체험을 자기화하는 오랜 숙련을 보여준다. 호남선 열차를 타고 가는 노인들의 대화들을 소재로 삼은 시「운명」은 우리의 삶이 어디서 하차할지 모르면서도 "거기가 어디쯤이냐 묻고/누가 먼저 내리느냐 묻고/서로 모른다고/허허 웃는 노인들"처럼 생의 승차권을 주머니 속에 고이 간직하고 있는 비릿한 염원이 마음에 가득함을 증언한다. 우리의 평범한 일상 속에서 문득 문득 의식의 내면에서 울려 나오는 소리를 통해 미래의 어느 날을 이렇게 감지하기도 한다.

엘리베이터 타고 내려가다
현관문 닫히는 소리

못 들은 듯해서 다시 올라간다

창문과 가스 불 다시 확인하고
등 뒤에서 쿵!
문 닫히는 소리

관 뚜껑 닫히는 소리도 비슷하려나
저 세상 가는 날 관 속에 누워
이승의 문 잘 닫으라고
마지막 눈짓하며 눈 감을지도 모르겠다

엘리베이터 안에서
지하 1층 누르고 내려가다 혼자 웃는다

지하 1층 아래
더 깊은 지하층을 생각하며

—「문 닫히는 소리」 전문

 이렇듯 문 닫는 소리를 관 뚜껑 닫히는 소리로 유추하는, 일상의 소소한 풍경을 해찰하고 그 풍경이 담고 있는 삶의 의미를 추출해내는 시법(詩法)은 무의식적으로 문여기인(文如其人), 글에 묻어나오는 시인의 품성을 엿볼 수 있게 만든다.

3.

『조금 쉬어가며 웃어요』는 강애란 시인이 잠시 멈추어 서서 바라본 이 세상의 바깥을, 삶의 이쪽과 저쪽의 경계를 의식의 내면으로 들어앉혀 놓은 시집이다. 특히 이 시집의 2부는 우리와 가까이 있는 미물(微物)들을 관찰하고 그 미물들이 전해주는 삶의 이러저러한 교훈을 남기고자 하는 시편이라 할 수 있다. 거미, 까치, 철새, 안내견, 개미, 고양이 등등의 미물들은「거미」,「얼룩말의 고백」처럼 우화(寓話)의 주인공이 되기도 하고, 관찰의 대상이 되기도 하면서 우리의 삶에서 놓치기 쉬운 진실을 전해주는 역할을 담당한다. 그중에서도「얼룩말의 고백」이나「개미는 파업하지 않는다」는 오늘날 우리가 마주하고 있는 백가쟁명의 정치·사회적 난제들을 바라보는 풍자의 시로 눈여겨보아야 할 것으로 생각한다. 또한 이 글의 서두에서 강애란 시인이 주목하고 있는 '경계'의 의미를 다시 한 번 되짚어볼 필요가 있다. 현재 우리 사회를 가로지르고 있는 갑과 을의 갈등과 노동의 소외, 권위주의 타파와 페미니즘에 입각한 양성 평등의 논란의 이면에는 법으로 해결될 수 없는 개인의 심리적 편견을 배제할 수 없다는 난제가 도사리고 있다. 과연 진실과 허위의 경계를 명확히 구분할 수 있는가? 어느 것이 참이고 어느 것이 거짓이라고 판명할 확고부동한 잣대가 있기는 한 것인가?「얼룩말의 고백」은 이와 같은 불편한 진실에 대해 우리 모두에게 묻고 있다.

처음부터 얼룩진 무늬로 태어났다

하얗게 살고 싶어도 검은 무늬가
검게 살고 싶어도 하얀 무늬가
어둠 속에서 감추고 싶을 때
언뜻 스치는 하얀 무늬 검은 무늬

달리는 시간 속에서 돌아보던 저녁 무렵
산다는 것은 생각대로 살아지지 않고
깔끔한 무늬는 어디에도 없고
얼룩진 속마음 소리 없이 앓고 있었지

당신이 검은 얼룩 보고 멀리 돌아간다 해도
당신이 하얀 얼룩 보고 내 안에 들어온다 해도

나는 선명한 무늬의 얼룩말이다
어둠이 내릴 때까지 품에 안고 걸어가야 할

슬픈가,
그대 맑은 얼룩진 무늬가

―「얼룩말의 고백」전문

아프리카 초원의 지브라(Zebra)는 얼룩말이다. 이 시를 읽기 전까지는 이 얼룩말이 흰 바탕에 검은 줄무늬가 새겨진 동물이라고 생각했다. 아마 그 생각은 틀리지 않을 것이다. 그런데 이 시는 다시 묻는다. 검은 바탕에 흰 무늬인지, 흰 바탕에 검은 무늬인지를 물으면서 '얼룩'의 근원에 대해서 사유의 전환을 촉발시킨다. 어쩌면 우리 모두는 얼룩말인지 모른다. 각기 다른 얼룩을 문신으로 새기고 있는 원천적 슬픔을 가진 존재인 것이다. 그럼에도 시인은 다시 묻는다. "슬픈가,/그대 맑은 얼룩진 무늬가"라고 물으면서 '맑음'을 이야기한다. 마치 성선설의 신봉자처럼 어두운 사회의 불신을 훌쩍 넘어버린다. 그런가 하면 「개미는 파업하지 않는다」는 자본주의의 욕망과 노동의 현장을 일개미들을 통해서 면밀히 보여준다. 이제는 일상이 되어버린 파업 투쟁과 하루에도 사업 현장에서 수십 명씩 아까운 목숨이 버려지는 무관심 속에서 개미는 주어진 본능에 따라 쉼 없이 일을 하고 있다. 이 개미들은 각 개체의 이기적 욕망이 아닌 개미 사회의 일원으로서 충성(?)을 다하고 있을 뿐이다. 시인은 일개미를 통해 노동의 미덕을 따져보기보다는 우리 삶에 드리워져 있는 도덕과 윤리와 법의 그물에 갇힌 계급의 층위와 그 효용에 대해 생각해보기를 눈여겨볼 뿐이다.

    11월 아침이다 앵두나무 언저리 풀밭에

작은 흙덩이들이 눈에 보인다
땅속에 먹이창고를 짓는지
식구가 늘어 공사 중인지
부지런히 일개미들이 들고난다

이상한 일이다 흙 알갱이를 물고 나와
땅 위에 슬쩍 올려놓고 가는 개미
머리만 내밀고 뱉어놓는 개미, 그러다 흙더미가
안으로 굴러떨어진다
어떤 개미는 기어코 땅 위까지 기어 나와
두리번거리며 구멍에서 먼 곳에다
흙 알갱이를 부리고 간다

성실한 개미, 생각하는 개미
옆집 앞집 뒷집 다투지는 않는지
주 5일 근무제를 주장하며 파업도 하는지
개성시대라고 어린 것들이 더듬이에다
온갖 물감을 들이고 떼 지어 다니진 않는지

낯선 강릉 관사의 눈부신 아침 햇살
집 짓는 일개미들의 속사정이 궁금하다
            —「개미는 파업하지 않는다」전문

충남 서천의 국립생태원에 가면 이 시에 드러난 일개미들이 일사분란하게 먹이를 나르고 자신의 맡은 일을 로봇처럼 수행하고 있는 모습을 볼 수 있다. 여왕개미, 보모개미, 운송개미, 건축 개미, 병정개미들이 각자의 임무를 수행하는 분업사회는 인류가 꿈꾸는 이상사회의 전범처럼 여겨지기도 한다. 그러나 이 시의 진의는 자기 직분에 순응하는 삶이나 노동의 미덕을 기리는 데 있지 않다. 이 시 또한 「얼룩말의 고백」과 마찬가지로 현실과 이상의 경계에 대한 회의(懷疑)를 표명한다.

과연 만여 종이 넘는 개미의 성공적인 진화(進化)와 그와 맞물리는 만물의 영장인 인간이 꿈꾸는 유토피아가 일치하는 것인지를 조심스럽게 되묻는 것이다. 시속 100킬로미터로 달리게 되면 보이지 않던 풍경들이 천천히 걷게 되면 느림이 주는 풍경의 아름다움을 느끼게 된다.

시집 『조금 쉬어가며 웃어요』는 현란한 비유나 현상을 넘어서는 저 너머 상상의 세계를 보여주는 전위(前衛)를 꿈꾸지 않는다. 그러나 각각의 시편에 숨어 있는 시간의 보폭을 줄이면서 자아를 반추하는 화이부동(和而不同)의 경계를, 더 나아가서 물아일체(物我一體)의 혼융을 느끼기에 부족함이 없다.

4.
강애란 시인의 시집 『조금 쉬어가며 웃어요』 상재를 축하하면서 이십여 년 전 열정 하나로 무모하게 개설한 학교의 시창작 사이버 강좌에서 시인을 처음 비대면으로 만났던 기억을 되살린다. 그 후 등단의 여로에도 함께할 수 있었음도 큰 기쁨이었다. 무엇보다도 쉬지 않고, 시를 놓지 않고 먼 길을 걸어온 그 인내에 경의를 보낸다. 부디 표제시 「조금 쉬어가며 웃어요」의 마지막 구절에서의 토로가 더 높고 더 넓은 시세계를 열어가는 열정으로 빛나기를 바란다.

    죽을 것처럼 웃었다
    죽을 것 같아 눈물이 났다
    시(詩),
    너를 만나면서부터
                  ―「조금 쉬어가며 웃어요」 부분

이 도서의 국립중앙도서관 출판시도서목록(CIP)은 서지정보유통지원시스템 홈페이지(http://seoji.nl.go.kr)와 국가자료공동목록시스템(http://www.nl.go.kr/kolisnet)에서 이용하실 수 있습니다.(CIP제어번호: CIP2020040352)

문학의전당 시인선 0331

조금 쉬어가며 웃어요

ⓒ 강애란

초판 1쇄 인쇄 2020년 9월 21일
초판 1쇄 발행 2020년 9월 28일
   지은이 강애란
   펴낸이 김석봉
   디자인 헤이존
   펴낸곳 문학의전당
  출판등록 제448-251002012000043호
    주소 충북 단양군 적성면 도곡파랑로 178
    전화 043-421-1977
   전자우편 sbpoem@naver.com

   ISBN 979-11-5896-487-0 03810

*이 책의 판권은 지은이와 문학의전당에 있습니다.
*양측의 서면 동의 없는 무단 전재 및 복제를 금합니다.
*잘못 만들어진 책은 바꿔드립니다.